Diané Véronique Assi

Création littéraire et transculturalité dans le roman francophone

Diané Véronique Assi

Création littéraire et transculturalité dans le roman francophone

Éditions universitaires européennes

Impressum / Mentions légales

Bibliografische Information der Deutschen Nationalbibliothek: Die Deutsche Nationalbibliothek verzeichnet diese Publikation in der Deutschen Nationalbibliografie; detaillierte bibliografische Daten sind im Internet über http://dnb.d-nb.de abrufbar.

Alle in diesem Buch genannten Marken und Produktnamen unterliegen warenzeichen-, marken- oder patentrechtlichem Schutz bzw. sind Warenzeichen oder eingetragene Warenzeichen der jeweiligen Inhaber. Die Wiedergabe von Marken, Produktnamen, Gebrauchsnamen, Handelsnamen, Warenbezeichnungen u.s.w. in diesem Werk berechtigt auch ohne besondere Kennzeichnung nicht zu der Annahme, dass solche Namen im Sinne der Warenzeichen- und Markenschutzgesetzgebung als frei zu betrachten wären und daher von jedermann benutzt werden dürften.

Information bibliographique publiée par la Deutsche Nationalbibliothek: La Deutsche Nationalbibliothek inscrit cette publication à la Deutsche Nationalbibliografie; des données bibliographiques détaillées sont disponibles sur internet à l'adresse http://dnb.d-nb.de.

Toutes marques et noms de produits mentionnés dans ce livre demeurent sous la protection des marques, des marques déposées et des brevets, et sont des marques ou des marques déposées de leurs détenteurs respectifs. L'utilisation des marques, noms de produits, noms communs, noms commerciaux, descriptions de produits, etc, même sans qu'ils soient mentionnés de façon particulière dans ce livre ne signifie en aucune façon que ces noms peuvent être utilisés sans restriction à l'égard de la législation pour la protection des marques et des marques déposées et pourraient donc être utilisés par quiconque.

Coverbild / Photo de couverture: www.ingimage.com

Verlag / Editeur:
Éditions universitaires européennes
ist ein Imprint der / est une marque déposée de
OmniScriptum GmbH & Co. KG
Bahnhofstraße 28, 66111 Saarbrücken, Deutschland / Allemagne
Email: info@omniscriptum.com

Herstellung: siehe letzte Seite /
Impression: voir la dernière page
ISBN: 978-613-1-52885-9

Copyright / Droit d'auteur © Diané Véronique Assi
Copyright / Droit d'auteur © 2013 OmniScriptum GmbH & Co. KG
Alle Rechte vorbehalten. / Tous droits réservés. Saarbrücken 2013

CREATION LITTERAIRE ET TRANSCULTURALITE DANS LE ROMAN FRANCOPHONE

ASSI Diané

Introduction générale

Les auteurs que nous avons privilégiés dans ces Mélanges sont des écrivains africains et caraïbes francophones.

Amadou Kourouma est ivoirien, le romancier des *Soleils des Indépendances* est un des rénovateurs de l'écriture romanesque africaine et appartient aux écrivains de la rupture qui donnent naissance à la seconde génération de romanciers africains francophones. Son œuvre *Allah n'est pas obligé*, que nous avons considéré comme une « Ode à une enfance sacrifiée », raconte les pérégrinations d'un enfant-soldat Birahima durant la guerre du Libéria qui mit le pays à feu et à sang durant une décennie. C'est une lecture comparée avec celle du rap américain que nous avons voulu tenter dans ce travail ; comment le fonctionnement de ce roman écrit dans le langage des « rues », rejoint celui des rappeurs violents et obscènes d'un espace pourtant distant de milliers de kilomètres.

Véronique Tadjo aussi est ivoirienne ; la romancière-poète de *Latérite*, revient avec *Reine Pokou* à une écriture toute en finesse, toute en « formes » et interroge de manière décalée, l'Histoire et la Légende africaine, tout en inscrivant son écriture dans des formes identitaires ouvertes.

Henri Lopes est lui, du Congo-Brazzaville et dans Le *Chercheur d'Afriques*, il revient à une écriture plus intimiste que dans *Le*

Pleurer-Rire et nous ramène à travers un mouvement binaire aux relations Congo/France à travers le métissage difficilement assumé de son personnage principal, André Leclerc. Fruit du mariage colonial d'un commandant blanc et d'une femme noire au début du XX° siècle, André se cherche, au sens propre du terme en lui-même et à travers les continents ; ce qui en fait un personnage-type de la recherche identitaire dans un contexte de transculturalité.

Quant à Bessora, écrivaine franco-gabonaise, elle est celle qui créa la surprise avec le titre de son premier roman *53cm*. Dans *Les taches d'encre*, elle mêle intertextualité et interculturalité avec brio, dans une histoire très contemporaine où l'actualité côtoie les thèmes plus redondants du roman africain habituel, ce qui situe l'auteur dans une perspective quasiment entièrement transculturelle et non comme appartenant strictement à un seul espace ; ce qui est moins le cas pour les autres auteurs que nous avons circonscrit (même ceux qui sont des métis biologiques) et qui la rapproche plus du cas symptomatique de Marie Ndiaye.

Ti-Jean L'Horizon de Simone Schwarz-Bart, écrivaine guadeloupéenne est un roman qui peut être lui aussi lu comme un roman transculturel. Pour cela, nous utiliserons la théorie d'Edouard Glissant, à savoir celle de la Relation dans une poétique du Divers entre l'Afrique, l'Europe et les Caraïbes à travers l'Histoire et la thématique identitaire. Ti-Jean, personnage flamboyant des retrouvailles douloureuses entre l'Afrique et les Antilles après la parenthèse de « L'Innommable» à savoir l'esclavage et la Traite ; tous ces siècles de douleurs et de souffrances.

La création littéraire dans le roman francophone donne à voir un travail de plus en plus poussé sur la forme, le signifiant du texte. Lopes dans son *Chercheur d'Afriques*, joue sur la bipolarité et le rythme binaire du récit pour évoquer l'effet transculturel du métissage de son personnage André Leclerc.

Allah n'est pas obligé, va montrer la même inspiration que celle du rap américain surtout les premiers rappeurs, adeptes de l'insulte et du langage obscène, travaillant essentiellement sur le mode de la provocation. Il s'agit de heurter violemment pour exprimer le ressenti de toute une génération.

Véronique Tadjo et Bessora sont toutes deux dans une attention très particulière à la forme de leur roman ; Tadjo ciselant son texte telle une sculpture à multiples facettes, quant à Bessora, elle joue en virtuose sur de nombreuses traces intertextuelles qui donne à son texte une allure véritablement postcoloniale.

Quant à S.Schwarz-Bart, son récit, structuré tel un récit initiatique nous amène par le jeu de structuration de la narration à éprouver dans une lecture dense, toute la problématique du retour/non-retour et de la renaissance antillaise.

La création littéraire sert donc ici autant la forme que le fond qui s'en trouve conforté.

La transculturalité provient du concept de transculturation élaboré par l'anthropologue cubain Fernando Ortiz Fernandez ; il sert à désigner des contacts entre plusieurs cultures, mais la transculturalité s'applique à des identités culturelles plurielles qui remettent en question la représentation de l'autonomie des systèmes culturels tels que pensés dans les termes interculturel ou multiculturel. Comme le suggère le préfixe trans-, l'approche transculturelle se situe au-delà des cultures ; elle permet d'accéder à un méta-niveau, propice à une plus-value interculturelle. La transculturalité implique d'avoir recours à des modèles culturels ou à des fragments de cultures qui appartiennent à une autre culture et forment un champ hybride. Cela peut aboutir parfois à un entrelac d'éléments contradictoires. On peut lire pour plus d'information l'article de Josias Semujanga, « De l'africanité à la transculturalité : éléments d'une critique littéraire dépolitisée du roman » (Etudes Françaises, vol.37, n°2, 2001, p.133-156)

Les concepts d'hybridité, de métissage ou de créolisation à l'œuvre dans les théories postcoloniales nous permettront d'aborder les pratiques textuelles de l'altérité. En effet, les théories postcoloniales permettent de sortir du modèle colonial de la représentation de l'Autre, en déconstruisant les structures de pensée et les logiques héritées de la domination coloniale, aussi de récuser les logiques et rhétoriques oppositionnelles en privilégiant le mouvement, le dépassement et la rupture.

Ces Mélanges rassemblent des articles proposés dans des colloques, conférences et séminaires qui se sont déroulés à Abidjan (Côte d'Ivoire) dans le cadre de nos recherches au Groupe de Recherche sur les Littératures Francophones (GERLIF) à l'Université de Cocody ; la ligne directrice de cette recherche étant bien la question de la création littéraire en rapport avec le concept de transculturalité, il nous a semblé opportun de publier ces textes qui permettent d'envisager des textes et des auteurs importants de la littérature francophone à l'aune de l'intertextualité, de l'interdiscursivité et de la transtextualité.

I. Première étude : « Ode à une enfance sacrifiée dans *Allah n'est pas obligé* d'Amadou Kourouma » ; communication présentée lors de l'hommage rendu à Amadou Kourouma en 2004 par le GERLIF à l'Université de Cocody à Abidjan.(inédit)

II. Deuxième étude : « Architexte, création littéraire et expression identitaire chez Véronique Tadjo : l'exemple de *Reine Pokou* » ; communication présentée lors du Colloque international organisé en 2008 par le GERLIF à l'Université de Cocody (inédit)

III. Troisième étude : « Quête identitaire et transculturalité : l'exemple de *Le Chercheur d'Afriques* d'Henri Lopes » ; communication présentée lors d'un Atelier-séminaire du GERLIF sur le thème de l'Identité dans la littérature francophone en 1997 à l'Université de Cocody, remanié pour cette édition (inédit)

IV. Quatrième étude : « Etude intertextuelle et transculturelle de *Les Taches d'encre*, de Bessora », inédit.

V. Cinquième étude : « *Ti Jean L'Horizon* de S.Schwarz-Bart : un roman initiatique et transculturel », inédit.

ODE A UNE ENFANCE SACRIFIEE DANS ALLAH N'EST PAS OBLIGE D'AMADOU KOUROUMA (Seuil, 2000)

Allah n'est pas obligé, dernier roman d'Amadou Kourouma paru en 2000 au Seuil (Prix Renaudot et Concourt des Lycéens la même année), met en scène les tribulations d'un enfant-soldat de douze ans environ, Birahima dans les guerres du Libéria et de Sierra Leone. Ce personnage emblématique d'une enfance broyée, qui se qualifie lui-même de « sans peur et sans reproche » comme les preux du Moyen Age, nous donne à lire un récit dont la tonalité, par bien des aspects, peut dans une perspective transtextuelle (Genette) et transculturelle, faire écho à l'esthétique et à la thématique du rap musique populaire noire des Etats-Unis et à la violence qui y est rattachée.

Le rap, rappelons-le est une musique populaire noire, caractérisée par un rythme syncopé et des mots moins chantés que scandés; il fait montre d'une certaine violence verbale et gestuelle, avec cependant un travail sur les mots, une stratégie du dictionnaire, un rythme des phrases, des allitérations qui prouvent un véritable travail de création littéraire. Celle-ci a engendré une véritable culture, partie intégrante de la culture populaire noire aux Etats Unis mais aussi en Europe et en Afrique; d'où le phénomène de transculturalité que nous relevons.

Nous sommes donc tenté de lire le roman de Kourouma comme un chant pathétique, rythmé par les oraisons funèbres (la mort) des enfants-soldats et la violence du texte (jurons, obscénités). Si nous reprenons le terme d'ode de notre titre, nous dirons que celle-ci peut être comprise dans le sens d'un poème lyrique d'une part, mais encore sur un plan architextuel plus large comme une parodie de ce genre poétique où derrière la dérision constante, la crudité du langage, le récit montre le sacrifice d'une enfance notamment à travers les parcours symboliques des enfants-soldats dans le tissu romanesque.

Au plan théorique, nous emprunterons au théoricien indien Homi Bhabha, son concept d'hybridité grâce auquel on cerne de plus près le phénomène de transculturalité à l'oeuvre dans le texte. Celui-ci met en place une identité (du texte) qui le rapproche de cette culture urbaine faite de violence et d'irrespect (incivilité) qui va à l'encontre de toutes les valeurs traditionnelles d'éducation, même les plus subversives (paradoxalement, le personnage se présente d'ailleurs comme un « enfant des rues » or il a été élevé dans un village ; signe des temps?)

Ainsi plusieurs éléments textuels nous ont amené à identifier une telle lecture du roman. Tout d'abord la violence du texte, omniprésente. Dans le langage cru et la révolte des propos :

«Je vais vraiment vraiment conter ma vie de merde de damné» (p. 12)

«Je ne suis pas obligé de parler, de raconter ma chienne de vie» (p-97), qui fait plus référence à la rage agressive du rap qu'à l'humour caustique mais moins désespéré du zouglou par exemple. D'autre part dans la description d'une sexualité brutale et sans tabou (on est loin des pudeurs des premiers romanciers) concernant la mère p.31: « Balla avait trop de grigris au cou, au bras et à la ceinture et il ne voulait jamais se déshabiller devant une femme. Et même s'il voulait enlever tous les fétiches il n'aurait jamais réussi à faire des enfants. Parce qu'il ne connaissait pas la technique de mon père. Mon papa n'avait pas eu le temps de lui apprendre la façon acrobatique de se bien recourber sur maman pour appliquer des enfants, vu que maman marchait sur les fesses avec en l'air la jambe droite pourrie par l'ulcère. » (p.31) ; nous avons d'ailleurs dans ce texte une image totalement subvertie de la mère notamment par rapport aux viols (p. 190).

Concernant la mort de Sarah (p.89), seule histoire d'amour dans le texte où le désir brutal et fatal compose une histoire horrible et pleine de tendresse à la fois « Tête brûlée aimait beaucoup Sarah Il ne pouvait pas l'abandonner comme ça (...) Et Tête brûlée est devenu malheureux, très malheureux ». Dans l'irrespect caractérisé :

p. 11 « Un enfant poli écoute ... je m'en fous des coutumes du village, entendu que j'ai été au Libéria, que j'ai tué beaucoup de gens avec kalachnikov... »,

p. 111 « Je refuse de les décrire (ndl. les patrons-associés) parce que je suis un enfant de la rue et je fais ce que je veux, je m'en fous de tout le monde ».

Tout cela enrobé dans une rythmique de phrases courtes, saccadées «dans ce grand et foutu monde» (p 90). « c'est la guerre tribale qui veut ça » (refrain, nombreux qualificatifs pour un seul mot) qui font aussi du narrateur d'Allah... un poète, (cf. morceaux d'anthologie p. 13, remake de *L'enfant noir* de Camara Laye et de « Le souffle des ancêtres », poème de Birago Diop, p.21 pages consacrées à la mère). D'autres éléments textuels au plan de la macrostructure nous interpellent, ainsi les oraisons funèbres qui ponctuent le récit et lui attribuent un rythme scandé, haché par la mort. De fait, comme l'annonce Birahima « d'après mon Larousse, l'oraison funèbre c'est le discours en l'honneur d'un personnage célèbre décédé. L'enfant-soldat est le personnage le plus célèbre de cette fin du XX° siècle. Quand un soldat-enfant meurt, on doit dire son oraison funèbre, c'est à dire comment il a pu dans ce grand et foutu monde devenir un enfant-soldat. Je le fais quand je le veux, je ne suis pas obligé. » (p.90).

Trois oraisons sont explicitement annoncées, celle de Sarah (90-93), de Kik (96-97) et de Siponni la vipère (205) ; cependant cinq autres de même type non annoncées retracent la vie de Tête brûlée (56-57) ; 79-80), Fati (95), Sékou (116-119), Sosso la panthère (120) et Johnny la foudre (184). Outre l'onomastique de ces personnages qui fait essentiellement référence à la cruauté, les surnoms de ces enfants livrent aussi une part du changement d'identité opéré dans l'espace de la guerre et du traumatisme ainsi imposé par l'univers des adultes à des écoliers (nous insistons sur la charge connotative d'innocence et d'apprentissage nécessaire du terme écolier). En effet, ces enfants-soldats dans le texte, sont pour la plupart arrachés à l'école par la guerre ; la question de l'école reste d'ailleurs centrale dans l'itinéraire des personnages d'enfants-soldats du texte,

Kik (Libéria) pour qui « la guerre tribale est arrivée vers 10 heures du matin. Les enfants étaient à l'école... pour manger et égorger à son tour » (96-97)

Siponni (Côte-d'Ivoire) de même « c'est l'école buissonnière qui l'a perdu » (204-205) ; quant à Sékou (Burkina-Faso) « c'est l'écolage qui l'a eu, l'a jeté dans la gueule du caïman, dans les enfants-soldats » (116-119).

Pour Johnny la foudre, lui aussi élève de CE2 comme les autres « il s'appelait Jean Bazon quand il était à l'école de Man avant d'entrer aux enfants-soldats » (184). Quant à la fille Sarah, elle n'est pas sortie de l'école car elle n'y a de toute façon pas été mise, par contre elle symbolise le parcours d'une petite fille démunie du Libéria, orpheline à cinq ans que sa tutrice transforme en « une bonne et une vendeuse de bananes » puis c'est la litanie du viol, de la prostitution, avant d'entrer dans les enfants-soldats « pour ne pas crever de faim ». Tous ces parcours montrent des enfants brutalement arrachés à leur univers, celui de l'école ; dans le texte, la motivation de ces oraisons constitue une pause dans le récit, une analepse (retour en arrière) qui permet au narrateur d'expliquer, presque de justifier l'entrée de chaque personnage dans les enfants-soldats. Chaque décès marque une étape dans le récit que le narrateur utilise pour donner une certaine valeur humaine à ces enfants jetés ensuite dans les fosses communes ; ces pauses leur redonnent leur valeur d'être humain, ce que le référent ne fait pas.

Le discours social de révolte est clair et accusateur ; la société, à travers l'école est mise en accusation de même que les adultes qui ne jouent nullement leur rôle de protecteurs et de fait, ne respectent pas les droits de l'enfant.

La typologie de l'enfant-soldat dans ce roman montre des enfants sans Père donc sans Loi au sens psychanalytique du terme et finalement sans repères moraux. La violence faite aux enfants est poétisée par le texte et rendue par les obscénités qui émaillent le discours du personnage-narrateur. Ces insanités d'ordre sexuel, qui ne sont pas toutes des jurons sans conséquences ou de simples impertinences[1], sont directement liées au sexe du père et viennent comme une réponse insolente et cynique à la brutalité de leur vie mais aussi à l'absence de celui-ci et surtout auquel on ne trouve pratiquement pas de substitut. Cette violence du discours est maniée comme une arme pour se défendre ainsi que

---

[1] Relevé: A faforo (cul de mon papa)
Gnamokode (bâtardise- bâtard de bâtardise- putain de ma mère- bâtard) Faforo
(sexe de mon papa)
(sexe de mon père)
(sexe de son père)
(sexe du père)
(cul du père)
(bangala de mon père)
(bangala du père)
(cul de mon père)

la cause des enfants sacrifiés sur l'autel d'absurdes et obscures motivations politiques. Irresponsabilité des adultes dans leur devoir de compréhension et de protection des enfants, qui pose le problème de ceux-ci dans un espace et un temps déterminé (ici, l'espace ouest africain et la fin du XX° siècle).

Lire le récit de Birahima dans une perspective transtextuelle et transculturelle, c'est aussi bien en dégager l'identité métissée: ancré dans le terroir malinké par la langue, l'espace et la culture du narrateur mais déjà porteur d'une transmutation, celle qui agit sur les gamins des rues de plusieurs continents et qui justement a donné naissance à la culture rap par exemple à travers le monde ; utilisation d'une culture hybride ouverte et endogène à la fois (le Goncourt des lycéens attribué à ce roman n'est sans doute pas anodin). Ce métissage identitaire nous semble bien défini par Homi Bhabha dans l'acception qu'il donne de son concept d'hybridité à savoir « un mélange de deux langues sociales dans les limites d'une expression simple, une rencontre dans l'arène d'une expression entre deux consciences linguistiques différentes, séparée l'une de l'autre par une époque, une différentiation sociale ou par un autre facteur ».

Cette situation hybride engendre malentendus, méprises, incompréhensions quelquefois et souvent violence au niveau du langage, comme le dit Birahima « tout ce que je parle et je déconne (déconner, c'est faire ou dire des bêtises) et que je bafouillerai, c'est lui qui me l'a enseigné. Il faut toujours remercier l'arbre à karité sous lequel on a ramassé beaucoup de bons fruits pendant la bonne saison, Moi, je ne serai jamais ingrat envers Balla. Faforo (sexe de son père) ! Gnamokodé (bâtard) (16) ».

Ici, nous constatons la superposition du parler habituel ordurier de Birahima avec le discours du proverbe, symbole de sagesse et habituellement employé par les plus âgés ; ainsi le travail de déconstruction d'une réalité passe aussi par le langage ; d'autre part le discours fait usage de la polysémie dans un univers où le sens des signes n'est jamais certain (d'où la métatextualité récurrente dans le texte).

On glisse en effet d'une violence à une autre au travers des mots, des images : de l'école à la guerre, de la maison aux enfants-soldats comme si ce qui poussait vers la guerre se situait finalement à l'école (violence dans cette institution), à la maison (dans la cellule familiale), comme la recherche de Mahan, objet de quête ultime, d'un substitut de la mère qui aboutit à l'absurdité des conflits interethniques au Libéria. Pour illustrer l'aspect sacrificiel de cette génération perdue, le narrateur utilise la métaphore de la galette aux deux faces braisées et dans son « bla-bla-bla » comme il le qualifie lui-même, Birahima nous dit « fréquenter jusqu'à CE2 n'est pas autonome et mirifique. On connaît un peu mais pas assez; on ressemble à ce que les nègres noirs africains indigènes appellent une galette aux deux faces braisées. On n'est plus villageois, sauvages (...) Mais on ignore géographie, grammaire, conjugaisons, divisions et rédaction » (10)

Le roman de Kourouma nous paraît donc mettre en place une identité du texte qui ressort d'une esthétique transculturelle; nous avons fait appel à la théorie d'Homi Bhabha tout en utilisant l'aspect connotatif de la musique rap en sus de la problématique de l'obscénité comme catégorie littéraire que l'on peut évoquer à l'examen de nombreux romans africains contemporains. Cependant, les obscénités ne sont pas un élément culturel traditionnel au regard de la métatextualité, de même que l'impudeur, l'irrespect, pourtant ce sont ces éléments qui donnent leur cachet au récit de Birahima.

C'est en ce sens que nous nous sommes permis de rattacher son texte au contexte urbain du mouvement rap qui nous semble renvoyer une image qui explicite bien la révolte et la rage de Birahima devant le saccage de ces destins d'enfants. Chevalier « sans peur et sans reproche », il est à l'image de ces gosses des rues qui veulent faire entendre leur voix au monde et donner sur leur « chienne de vie », un témoignage « en mots réels » qui va très loin dans l'hybridité. Cette écriture était sans doute la plus intéressante pour traduire l'univers vécu par Birahima dans un contexte mondialisé et il fait ainsi écho à d'autres univers de violence, où les plus jeunes sont parfois malgré eux, entraînés, puisqu'il faut bien se résoudre à accepter comme le narrateur que « Allah n'est pas obligé d'être juste dans toutes ses choses ».

ARCHITEXTE, CREATION LITTERAIRE ET EXPRESSION IDENTITAIRE CHEZ V. TADJO: L'EXEMPLE DE REINE POKOU GPLAN 2006

Analyse textuelle de romans de Véronique Tadjo, notamment Reine Pokou. Tension entre écriture poétique et prose ; mélange des genres littéraires ; ancrage dans l'oralité africaine. Comment l'écrivaine s'y prend-elle pour créer une esthétique, un style original relevant d'une architextualité multidimensionnelle ? Travail sur la forme, culture rhizomique sont les maîtres mots d'une écriture-sculpture relevant d'une identité plurielle.

Mots-clés :

Oralité, architextualité, culture rhizomique, identité, transculturalité

Véronique Tadjo est une écrivaine ivoirienne qui a obtenu le GPLAN en 2006, pour son récit *Reine Pokou* paru chez Actes Sud en 2005. Poète au départ (*Latérite*, 1984), elle a ensuite bifurqué vers le roman (*Le royaume aveugle*, 1991) puis est revenue à la poésie (*A mi-chemin*, 200) et à des textes à mi-chemin entre poésie et prose (*L'Ombre d'Imana*, 2000). Son écriture est justement travaillée par cette double appartenance. On note ainsi, surtout en ce qui concerne son écriture romanesque, une certaine recherche architextuelle (on entend par architexte selon G.Genette, tous les rapports entre un texte et un genre ou ce qui le rattache à un ou des genres littéraires particuliers) qui constitue en quelque sorte un programme littéraire et identitaire qui participe de cette nouvelle poétique africaine (post-moderne ?) que l'on pourrait à la suite d'Adiaffi nommer une écriture nzassa (cf. Assi Diané, « Le roman en C.I. une écriture nzassa », Africultures, n°56, 2003).

Métisse franco-ivoirienne, l'auteure est souvent obligée de justifier son identité double d'auteur dans la presse et auprès des critiques littéraires : « Je me sens avant tout africaine, même si j'ai aussi la nationalité française » dit-elle dans le Magazine Littéraire; n°45 de Mars 2006 et elle ajoute « parce que j'ai beaucoup voyagé, habité ce continent, où je vis encore actuellement, en Afrique de Sud. Et ivoirienne bien sûr ». Déjà en 1994, elle répondait à la question « cela a t'il un sens de vous qualifier d'écrivain ivoirien ? ». « Pour moi, oui. Parce que je prends mon inspiration dans ce pays qui est la Côte d'Ivoire et qui est comme mon humus. Maintenant il est vrai aussi que je souhaite communiquer avec le plus grand nombre de personnes possible et ne pas me cantonner à une société particulière et limitée. C'est pour cela que j'aime tellement les voyages... » (Sepia, n°14, 1994, p.6). On pourrait donc examiner la perspective identitaire du côté auctorial mais ce qui va essentiellement nous intéresser ici est l'identité littéraire du texte _Reine Pokou_ qui est justement nourrie de cette appartenance multiculturelle voire transculturelle.

Ainsi on note chez V. Tadjo, une tension entre l'écriture poétique et la prose romanesque mais aussi un mélange des genres incluant le conte, la poésie orale. Cet ancrage dans l'oralité traditionnelle africaine (légende/mythe/poésie/conte) est d'ailleurs une constante, un des fondamentaux de la nouvelle écriture ivoirienne en ce qui concerne le récit de type romanesque (cf. Bandaman, Kourouma, Adiaffi).

Comment l'écrivaine s'y prend-elle donc pour créer cette esthétique originale relevant d'une architextualité multidimensionnelle ?

Nous examinerons dans cette communication le travail opéré sur la forme du texte mais aussi la culture de type rhizomique qui affleure (cf. E. Glissant) et qui nous convie à apprécier une écriture relevant d'une identité plurielle ; en quelque sorte, une Reine Pokou revue et corrigée dans un contexte de mondialisation culturelle ; un personnage historique et légendaire ancré dans la culture akan et ivoirienne. Personnage qui représente ici, une part de la diversité culturelle à l'œuvre dans les nouvelles cultures contemporaines ce que E. Glissant conceptualise à travers le Divers. Ce Divers qui permet d'inclure des éléments appartenant à des cultures locales s'invitant au festin du global pour ne pas disparaître, ne serait-ce que cela.

Si l'on examine plus avant le récit de V. Tadjo *Reine Pokou*, tout dans la forme paratextuelle, dans sa structure interne et externe nous invite à l'appréhender sous la forme d'une oeuvre d'art ayant référence au cinéma, à la musique, à la sculpture en sus de la littérature. Examinons le paratexte :

Titre et sous-titre :

Reine Pokou, Concerto pour un sacrifice Concerto —> intertexte —» « concerto pour un exil » film du cinéaste ivoirien Timité Bassori.

La musique nous fait considérer le récit comme un poème —> roman-poème.

La première de couverture fait référence à la culture traditionnelle akan à travers la poupée Akua ba sur fond noir (= bienvenue).

Les lettres en or utilisées pour le titre font aussi référence à ces bijoux dorés, emblématique de cette culture que l'on retrouve du Ghana à la Côte d'Ivoire. Si l'on examine maintenant la structure externe du récit (diégèse) : Dans le 1. Le temps de la légende (p9 —» 32) Titre des parties = dessins faits par V. Tadjo.

Là encore on est dans le symbolisme même si le sens n'est pas donné. Dans le 2, Le temps du questionnement (p33-86) Le titre- encore un dessin :

+ Abraha Pokou, reine déchue 2e dessin p.47 ;

3e dessin p.53 + titre : la traversée de l'Atlantique ; 4e dessin p.65 La reine sauvée des eaux ; 5$^°$ dessin p.74 Dans les griffes du pouvoir ; 6e dessin p.82 Les paroles du poète.

3. Le temps de l'enfant-oiseau (p87)

1er dessin p89.

Au plan extérieur, et dans sa structure même, le texte Reine Pokou est un entrelac de dessins et de mots, de signes nous ramenant à la symbolique akan et à une posture qui ancre paradoxalement le texte dans la modernité.

Car il doit être possible désormais non pas seulement de rappeler le Passé mais encore de le questionner, voire d'être subversif vis-à-vis de la légende. (p 53 Et si Abraha Pokou avait refusé le sacrifice ?)

Le texte se présente donc ici comme partant de la légende telle que connue dans ses grands axes (cf. Dadié, Nokan), avec des détails romancés (pll-31) ; quant au style il se situe dans les tonalités légendaire, poétique du conte et du roman.

Nous voyons donc qu'il y a tout un travail sur la forme du texte qui est très travaillée chez Tadjo. Comme elle le dit parfois elle-même un peu à la manière d'une sculpture.

Dans le deuxième chapitre, le temps du questionnement, c'est la partie la plus étoffée ; on a toujours des dessins et des sous-titres. La démarche va de la légende à la poésie —* p.82 les paroles du poète. Légende et mythe = le doute.

C'est la partie du doute essentiel (existentiel ?) celui qui fait que l'on « n'avale pas les choses » sans les mâcher. Que s'est-il passé ? Pourquoi ? Comment ? Et si ?

Si l'on se place dans une perspective identitaire concernant ce fonctionnement de l'écriture, qu'est-ce que cela peut signifier ? Qui suis-je ? Qui sommes-nous ?

Répondent à ces questions, les deux textes : *Reine Pokou* et *l'Ombre d'Imana* sur le mode du tragique.

Tadjo revient aux particularismes ethniques dans un sens positif pour leur redonner la possibilité de s'expliquer, d'expliquer. Ne surtout pas les laisser se figer et se crisper sur des positions menant au tragique.

Au plan architextuel, on a affaire ici à une intergénéricité (interdiscursivité) qui va permettre d'interroger la Mémoire historique.

Dans ce retour à l'Histoire, Pokou est remise dans la perspective historique du XVIIIe siècle, à savoir la participation active, à la Traite négrière de la Gold Coast de l'époque. Ainsi le chapitre consacré à la traversée de l'Atlantique nous présente la Reine dans une situation improbable ; enchaînée dans un bateau négrier en route vers les Amériques, puis sa vie Outre-Atlantique et la naissance inopinée « telle une lourde pierre » de l'enfant métis de Pokou « garçon au sang-mêlé, couleur de sable et de paille », « plante parasite » (p61). On a droit aussi à la révolte des marrons à laquelle participent les deux fils de Pokou, qui nous projettent dans l'univers de la résistance du peuple noir et de sa diaspora. Car là aussi les questions demeurent p.60 : pourquoi les avoir vendus ?

Au plan spatial, une certaine forme de mondialisation apparaît ici ; (nous prendrons le terme de mondialisation dans le sens de prise en compte d'un espace d'échanges divers entre les différents continents,)

A travers le fils métis imaginaire de Pokou, ce voyage outre-Atlantique nous rappelle l'atmosphère du XVIIIe siècle africain et nous relie au concept d'hybridité (Homi Bhabha) qui intègre ici l'Afrique et l'Amérique dans leurs rapports séculaires d'identité plurielle. Dans ce récit Pokou n'est pas intemporelle, elle s'inscrit dans un contexte historique qu'il convient de questionner en tout cas c'est ce à quoi nous invite le texte. Chacun ayant toute latitude de donner ses propres réponses. Le récit cependant ne reste que questionneur, pas donneur de leçons et c'est en cela que l'auteure participe à la déconstruction du mythe Pokou (cf. J. Derrida) dans une perspective quasi post-moderne.

Le questionnement est subversif, insolent, impertinent, en tout cas le texte bouscule le mythe. Pour répondre à la question même de l'Identité.

Celle de la mondialisation **Afrique+Ailleurs.**

Le texte de V. Tadjo Reine Pokou est donc un condensé de littérature africaine (orale/écrite) à travers une intergénéricité et une architextualité porteuses ; rapport à la légende, au mythe, au conte et au récit de type romanesque. Il renvoie au plan intertextuel à d'autres textes de la même période notamment « Peuls » de T. Monenembo mais aussi *En attendant le vote des bêtes sauvages* d'A.Kourouma par exemple, dans cette tentative d'inclure l'identitaire et la forme contextuelle. La mondialisation et la diversité culturelle font que l'auteur ne se contente plus de rappeler le Passé mais encore de le questionner c'est-à-dire le revisiter et d'en nourrir son écriture. L'auteur nous permet en tant que lecteur de questionner notre Histoire, notre Imaginaire au sens complet du terme. La mise en forme du texte et sa thématique originale permettent à la création littéraire une démarche en forme de quête qui envisage avec beaucoup d'espoir l'avenir, ainsi, l'enfant-oiseau « Jamais il ne cesse d'avancer, le futur toujours avec lui, alors que les autres en sont encore aux balbutiements de leur existence » (p90).

L'utilisation des signes et des symboles qui ancre le texte entre poésie et prose donne un surcroît de sens à celui-ci. V. Tadjo est un grand écrivain qui mériterait d'être quelque peu dégagée du caractère intimiste qui entoure la sortie de ses textes.

QUETE IDENTITAIRE ET TRANSCULTURALITE : EXEMPLE DE LE CHERCHEUR D'AFRIQUES D'HENRI LOPES (Seuil, 1990)

COMMUNICATION SEMINAIRE GERLIF, Décembre 1997

Le roman d'Henri Lopes, *Le chercheur d'Afriques* (Seuil, 1990) est l'une des dernières parutions du romancier congolais, qui avec ce récit, inaugure une écriture plus intimiste que l'on retrouvera ensuite dans un autre texte paru au Seuil en 1992, *Sur l'autre rive* et plus récemment, *Le Lys et le Flamboyant* (1997). Problème d'identité dans un cas comme dans l'autre et incursion, par un curieux détour des clichés habituels, dans un domaine peu évoqué par le roman africain en général, celui des Amériques, de ces Caraïbes où furent déportés les esclaves africains à partir du XVe siècle. *Le chercheur d'Afriques* se présente comme l'itinéraire d'une quête, l'itinéraire d'un moi qui se cherche, d'une personnalité qui se construit, d'un caractère en évolution.

Cette quête identitaire est d'abord une recherche de paternité en quelque sorte ; en effet, le héros-narrateur, André Leclerc, s'avère être aussi un métis, abandonné par son père blanc. Si l'identité peut être comprise comme la conscience de la persistance du moi, c'est-à-dire l'ensemble des éléments permettant d'établir sans confusion possible qu'un individu est bien celui qu'il doit être, on peut dire qu'André cherche, à travers son père, à découvrir qui il est, réellement. Il existe donc une double quête : une, explicite qui est celle d'un fils à la recherche d'un père qui l'a, somme toute, abandonné (voire oublié ?) et une autre, implicite, qui est celle d'un homme à la recherche d'une autre part de lui-même. Préoccupation identitaire qui relie une cause existentielle à une cause culturelle.

Les deux quêtes sont imbriquées, rejoignant en cela, la structure même du récit romanesque (brèves séquences de 2-3 pages, faisant alterner scènes et souvenirs d'enfance en un va-et-vient continuel entre l'Afrique et l'Europe sans s'interdire des incursions sur le mode de l'évocation dans l'espace caribéen), qui aboutit à une espèce de métissage narratif.

Notre analyse portera justement sur la problématique du métissage notamment du rapport à l'Autre. Quelle relation à l'Autre (autre soi-même) ? Comment est vécue cette relation par le personnage-narrateur qui, face au Noir ou au Blanc n'est jamais radicalement autre ?

Pour ce faire, nous nous interrogerons sur la quête identitaire d'André, en nous inspirant des théories développées par E. Glissant, notamment dans deux ouvrages théoriques récents, à savoir *Poétique de la Relation* (Gallimard. 1990) et *Introduction à une poétique du divers* (Gallimard, 1 996), quête du personnage, dont le discours fait transparaître par contamination du langage le métissage culturel, en effet, celui-ci est pratiquement saturé de références énonciatives proprement congolaises ex : "Andélé"

"Le Cdt Suzanne"

"les Mouroupeéns"

"les Baroupéens", etc.

Quelques rappels :

Au sens propre, l'identité est l'état d'une chose qui reste toujours semblable à elle-même ; elle est la conscience de la persistance du moi. Quant à la culture, elle est l'ensemble des connaissances acquises par un individu mais aussi, elle est l'ensemble des activités soumises à des normes socialement et historiquement différenciées et des modèles de comportement transmissibles par l'éducation, propre à un groupe social donné. (Dictionnaire Encyclopédique, Larousse).

Nous voudrions quant à nous, partir d'une idée de la culture comme mouvement, identité en mutation (non statique) car il va s'agir ici d'appartenances multiples.

Ainsi André, le héros-narrateur possède une culture multiple et complexe ; il est d'abord le fruit d'une union mixte entre un père français, César Leclerc, administrateur des colonies, désigné comme "Le Commandant" (même si l'on ne sait plus très bien au moment de la narration, ce qu'il a été exactement) et une mère congolaise, Ngalaha, épouse "coloniale" de celui-ci. Plus tard, étudiant en France puis enseignant de passage à Paris, sa culture reste ouverte et cosmopolite.

L'étude du *Chercheur d'Afriques* nous mène donc au-delà de l'ethnicité ou du seul nationalisme et vise à une culture de la

Relation (cf. la page où il se sent proche des fellagas etc.) telle que proposée par E. Glissant qui s'exprime ainsi : « La racine est unique, c'est une souche qui prend tout sur elle et tue alentour ; ils (G. Deleuze et F. Guattari) lui opposent le rhizome qui est une racine démultipliée, étendue en réseaux dans la terre ou dans l'air, sans qu'aucune souche y intervienne en prédateur irrémédiable. La notion de rhizome maintiendrait donc le fait de l'enracinement, mais récuse l'idée d'une racine totalitaire. La pensée du rhizome serait au principe de ce que j'appelle une poétique de la Relation, selon laquelle toute identité s'étend dans un rapport à l'Autre[1] ». Espèce de culture flottante dirons-nous, sans être inconsistante cependant. On rappellera ici, dans un autre registre, qu'en tant qu'écrivain, Henri Lopes a pris position contre les théories de la Négritude, en tant qu'école littéraire et idéologie politique[2], et avait rejoint en cela les tendances de S. Adotevi dans *Négritude et négrologues* et de Wole Soyinka.

Il entendait déjà, en effet, mettre en application dans ses textes, « la volonté de dépassement d'un certain chant-nègre et participer à la construction d'une nouvelle Afrique » (*Notre Librairie,* id., p. 125.).

La quête d'André Leclerc part donc d'un abandon. Pour revenir à l'univers référentiel, cet abandon est un acte commun à un grand

---

[1] E. GLISSANT, Poétique de la Relation. Paris. Gallimard, 1990, p. 23.

[2] Cf. Notre Librairie. n°92-93, Mars-Mai 1988, p. 124.

nombre de mariages dits coloniaux de l'époque. La pratique était devenue coutumière ; un Blanc se mettait en ménage avec une femme noire, fondait en quelque sorte une "famille" mais une fois, son temps aux colonies, arrivé à son terme, il pouvait plier là armes et bagages et abandonner femme(s) et enfants. Volonté de tirer un trait, d'oublier ce passé colonial ? (Cf . *L'Etrange destin de Wangrin, Oui, mon Commandant,* et tous les récits évoquant "La mousso du commandant", Loti etc.).

Très rares furent ceux qui emmenèrent certains de ces enfants, d'où la création par la suite d'orphelinats de métis dont nous avons un exemple en Côte d'Ivoire avec celui de Bassam. Dans le roman, allusion est faite à ce type d'institution par le biais du personnage de Joseph, père adoptif d'André et métis lui aussi, chassé dans la brousse tel un animal (cf. Battue qui ressemble à une chasse.)

Dans le récit, le jour même de cet abandon coïncide avec le départ du commandant Leclerc (p. 65-66) et alors que tout le roman est écrit à la première personne, les dernières lignes de ce passage sont relatées à la troisième personne comme si, à cet instant là, le narrateur devenait extérieur à la scène ainsi il écrit : « le fils du Blanc dans l'angoisse des ténèbres, n'arriva pas à trouver le sommeil [...] Ce fut sa première nuit sans la protection de la sentinelle [...] » (p. 67).

C'est la première épreuve de la quête : la séparation, la rupture ; il évoque ainsi les "masques de tragégie", la "cérémonie" des adieux" et à partir d'elle, d'autres étapes-épreuves viendront compléter l'identité du personnage puis l'amener à aller rechercher, l'autre partie de lui-même, au-delà des mers et ce, même jusqu'à l'inceste ; même s'il ne faut peut-être y voir qu'un clin d'oeil intertextuel à Jean Cocteau avec *Les enfants terribles*. En cela, il refera symboliquement le parcours des esclaves africains, partis des côtes d'Afrique (ces "Nègres-Kongo") et voguant vers les Amériques sur des vaisseaux négriers partis des ports de Nantes ou de Bordeaux.

L'espace romanesque englobe et imbrique ici l'Europe, l'Afrique via l'Amérique qui est évoquée à travers les nombreuses références culturelles à l'univers caraïbe.

Après la rupture, une autre vie commence et notamment la prise de conscience de sa différence par André. Le commandant, en effet, lui a légué en héritage, une peau plus claire que celle des autres et des jeux verts "de chat" ; physiquement, il est donc marqué. Aussi, malgré le partage des jeux et de la pauvreté ambiante, il reste que même si « Au milieu de mes camarades de jeu, j'étais un parmi les autres. Rien ne me différenciait d'eux (...) Dès que l'orage éclatait, le tricheur ou celui qui rageait d'avoir tort, retournait la situation en pointant du doigt le mal blanchi. ». Et c'est ainsi que d'incident en incident, de changement de nom en changement d'autre nom (p. 239), le parcours d'André est fait du regard de l'Autre posé agressivement sur lui, durant toute son enfance et d'imposition de la Loi de l'Autre sur sa propre destinée.

Aussi adulte, va-t-il rechercher lui-même (car sa mère ne veut lui en parler clairement) ses origines et ce père, souvenir lointain dont il ne reste plus qu'un patronyme atrophié, le Commandant "Suzanne" dont l'ambiguïté du genre est en soi un questionnement.

Ainsi, c'est à Nantes (ville symbolique au plan de la traite négrière) que la recherche du Père va débuter concrètement. C'est l'occasion pour le personnage-narrateur d'insérer dans son texte de nombreuses références culturelles occidentales et particulièrement françaises (Cocteau, Jean Marais. Mouloudji, D. Delorme, Signoret, etc.) qui dessinent le portrait intellectuel du personnage qui s'avère d'ailleurs typique d'une génération d'étudiants africains; celle qui a eu 20 ans dans les années 1950 en France. Cette culture de type occidental (littéraire, cinématographique) étendue semble se cantonner au plan intellectuel ; au plan affectif par contre, son mode de vie, ses habitudes, sa langue "maternelle", tout l'être d'André est profondément africain même si son apparence, ici encore, trompe ceux qui ne le connaissent pas vraiment (en un mot, son identité culturelle ; cf. p. 8). Car il y a dans ce texte un problème de reconnaissance du corps métis (au plan physiologique) et une douleur du personnage par rapport à ce phénomène (souffrance) quand il s'exprime ainsi : « chaque fois qu'une pierre m'atteint et m'écorche (...) et la grossièreté de ceux qui s'imaginent leur sang pur. C'est à tes paroles Ngalaha ... que j'ai recours pour répliquer et reprendre la marche » (p. 1 82).

Son enfance, très proche de sa mère et du milieu rural africain, sa connaissance des langues africaines (il passe avec une facilité surprenante de l'une à l'autre, son vécu même, après le départ du Commandant ont façonné son identité culturelle : identité congolaise, africaine, métisse, identité-racine (la mère), identité mobile (l'errance, l'éclatement), identité-rhizome (synthèse de tout cela).

Mais ses rapports avec son père étant restés distants (ne sont-ils pas d'ailleurs ceux qui existent entre l'Africain contemporain et l'Occident ?), empreints de réserve, laisse à voir une relation à l'Autre, bizarre. N'est-il pas symptomatique que tous les moyens mis en oeuvre par André pour retrouver son père soient justement des éléments désincarnés, strictement matériels et utilitaires à savoir, le téléphone, l'annuaire téléphonique, les plaques minéralogiques des véhicules, la recherche documentaire en bibliothèque.

André n'a pas "perdu" l'Afrique, il la transporte au contraire avec lui, tout au long de son parcours. Et c'est elle, à travers le souvenir de sa mère Ngalaha, de son père adoptif Joseph, d'Olouomo, sa nourrice et de Ngantsiala, le grand-père, qui l'aide à affronter son périple.

Finalement, quand il retrouve ce père, il le fait objectivement mais n'arrive pas à se faire re/connaître. Pourtant nul désir de vengeance chez André ; au contraire, empathie et compréhension, le guide. Dilemne du métis ou plus simplement, celui de l'Africain d'aujourd'hui ?

Dans un entretien donné à M. C. Jacquey, publié en 1986, H. Lopes affirmait :

« Je suis d'abord congolais, ensuite seulement métis. On désigne en général, à tort, par ce vocable, seuls ceux dont le métissage se reconnaît à la couleur de la peau. Mais nombreux sont les métis, invisibles à l'oeil nu, et qu'on perçoit dès que s'engage un véritable dialogue. En sens contraire, il y a des métis qui sont visibles par la couleur de leur peau, et qui, lorsqu'on approfondit les relations, se révèlent être des Congolais, je dirais à 101 % (...) La notion de métissage limitée au concept racial est une erreur. » (p. 47. "H. Lopes, africain, métis et congolais", Notre Librairie n°89, 1986.)

« Etre Noir, dit-il aussi, ce n'est pas une question de peau mais de racines. » : sol, enfance, milieu, langue, culture (cf. p. 6). Ce père, donc l'Occident, ne le reconnaît pas. Est-ce une mise à l'écart ? Une volonté délibérée d'oubli du passé colonial ?

Quelle relation à l'Autre ? L'Afrique lui répond, à travers Vouragan. « Il n'y a pas de mulâtre, il n'y a que des Noirs et des Blancs, le reste n'est qu'élucubration » (p34). Pourtant, il sait que cette réponse est une fuite, révèle une insuffisance. Aussi fait-il des rapprochements avec le peuple arabe (les fellagas), les gens des îles.

Très souvent donc sont évoquées ces Caraïbes, "les Antillais sont aussi des êtres humains..." (p. 38). Justement, ces Caraïbes ne sont-elles pas le lieu de l'identique, d'une certaine identité ? Car dans cet espace américain, se trouve désormais une population qui physiquement et culturellement s'est forgé sur le même mode de melting-pot que lui, André. Et ce phénomène se lit encore plus dans un autre roman d'H. Lopes <u>Sur l'autre rive</u> (Seuil, 1992). On pensera aussi à T. Monenembo avec <u>Pilourhino</u> (T. Monenembo, <u>Pilourhino.</u> Paris, Seuil, 1995). Le métis (culturel) retrouverait aux Caraïbes, cette culture-fusion qu'il a du mal à vivre dans l'un et l'autre vieux monde. L'aboutissement de cette quête identitaire, de même son roman <u>Le Lys et le flamboyant,</u> serait donc ce phénomène de transculturalité, dans un curieux phénomène de retour, non pas au pays natal mais à l'ici, l'ailleurs où se forge un nouvel homme. Volonté de dialogue Sud-Sud, retour au concept cher à Senghor de rendez-vous "du donner et du recevoir" du métissage culturel. Par un curieux détour, ne revient-on pas aux idées premières, celle d'une Négritude débarassée de ses oripeaux idéologiques et politiques magnifiée dans le grand concert de l'Universel ?

On pourrait dire que le récit fonctionne comme une allégorie (cf. Littérature édifiante, coutumière de Lopes).

Ici, le roman réintègre les parts morcelés de l'identité africaine contemporaine. Pour une part du continent en effet, il allie identité nationale (congolaise), continentale (africaine) et universelle (transculturelle).

Bibliographie

- S. ADOTEVI. Négritude et négrologues. UGE, 1972.

- D. DELTEL "Marie Ndiaye : l'ambition de l'universel", p. 111 Notre Librairie n°118, juil.-Sept 1994.

- E. GLISSANT, Poétique de la relation. Gallimard, 1990.

Introduction à une poétique du divers. Gailimard, 1996.

- H. LOPES, Le chercheur d'Afrique? Paris. Seuil, 1990.

, Sur l'autre rive. Paris, Seuil, 1992.

, Le Lys et le Flamboyant, Paris, Seuil, 1997

- T. MONENEMBO. Pilourhino. Paris. Seuil. 1995.

- Notre Librairie, Cinq ans de Littératures. 1991-1995, Caratbes-1, n°127, juil.-sept. 1996.

LES TACHES D'ENCRE DE BESSORA : UNE ETUDE INTERTEXTUELLE ET TRANSCULTURELLE

Bessora est une écrivaine suisso-gabonaise, née en 1968. Son premier roman, *53cm*, paru en 1999, l'a fait connaître dans les milieux littéraires et la critique notamment française a ainsi pu la qualifier de « petite-nièce exotique de Queneau, Jarry et Voltaire ». Dès l'abord, toute une filiation est trouvée à travers ces trois patronymes d'auteurs français mais il reste que Bessora est aussi africaine et le propos ici, est justement de montrer en quoi la transculturalité de l'auteur se déplace et se lit dans son écriture autant que l'intertextualité car il y a aussi du Kourouma et du « devoir de mémoire » dans son deuxième roman, *Les Taches d'encre* paru aux éditions Serpent à Plumes en 2000 qui est un texte original dans le contexte du roman africain francophone et qui a tendance à déstabiliser le lecteur tout en s'inscrivant résolument dans une perspective transculturelle et intertextuelle.

A la fois roman policier, enquête criminelle, roman africain de type engagé, roman postmoderne iconoclaste, le texte et à travers lui l'auteure, fait des clins d'œil à l'absurdité de la vie mais en même temps à son épaisseur, sa densité et c'est bien là le paradoxe de cette écriture singulière. La thématique de l'immense besoin de protection et l'aversion du risque des sociétés contemporaines mondialisées constitue le fil d'Ariane de ce roman à la fois loufoque et tragique. Il s'agira donc de montrer dans cette étude la manière dont la création littéraire dans *Les Taches d'encre*, est en rapport avec la notion de mobilité culturelle actuelle. En quoi l'intertexte et l'interculturalité permettent à l'écriture romanesque de nous plonger au cœur du chaos postmoderne, qui dans le même temps est une quête profonde des notions de sécurité, de certitude et d'identité qui ont tendance à s'effriter dans le monde tel que nous le vivons.

Nous donnerons tout d'abord les définitions de l'intertexte et celle de l'interculturalité ; cette partie théorique nous permettra de mieux cerner les éléments sur lesquels nous voudrions faire porter notre analyse, à savoir les références textuelles occidentales et africaines qui parcourent le texte de Bessora. Le repérage de tous ces éléments est assez visible dans ce roman ; l'intérêt est de suivre le fil directeur au plan méthodologique et idéologique qui permet d'établir une lecture plus profonde d'un texte qui peut sembler cumuler et faire proliférer une « macro-sémiotique internationale » (J.Semujanga) et un éclectisme de matériaux. Comme le souligne N.Piégay-Gros « la lecture de l'intertexte n'est pas réservée à une approche savante et érudite de la littérature; au contraire, le propre de l'intertexte est d'engager un protocole de lecture particulier, qui requiert du lecteur une participation active à l'élaboration du sens ». (Piégay-Gros, 1996, p.4), de même « les images abondent, qui mettent l'accent sur la fragmentation et l'hétérogénéité du texte ; mosaïque, marqueterie ou kaléidoscope... Un tel florilège de métaphores rappelle que la théorie de l'intertexte a nourri « l'imaginaire » du texte » (id, p.4).

Dès l'entame, le lecteur est entraîné dans un espace de références françaises: Paris, ses quartiers, exemple p.25 « En France... », ses stations de métro, le ton du discours des personnages. Les personnages ne sont pas au départ désignés par leur appartenance raciale, sont-ils blancs ou noirs ? Rien ne nous le dit même si le discours de ceux-ci a tendance à nous faire penser à des français « blancs ». On s'apercevra par exemple bien plus tard que l'un des personnages essentiels du roman, Muriel est une Rwandaise qui, de plus, a vécu dans sa chair le génocide de 1994, à travers la perte de son fils de quatre ans et de son mari, massacrés par les génocidaires. Ainsi l'Afrique est présente dans le roman à travers des espaces-temps précis et au travers du vécu et de la nature même des personnages principaux : la colonisation (Aimé Eulalie), les néo-coloniaux (Bianca Levêque), la postcolonisation (d'un côté le Rwanda et les conflits ethno-fascistes, de l'autre une créolisation du monde qui évoque inévitablement les théories du Tout-Monde ou du Chaos-Monde d'E. Glissant).

Le titre même *Les Taches d'encre* est une métaphore symbolique par excellence ; il désigne les mots sur le papier mais aussi « l'encromancie, la divination par les taches d'encre » (p.98) ; le texte est donc un jeu, en/jeu sur l'écriture : « l'écriture est aussi un instrument de la divination : c'est un médium qui permet de négocier avec le destin, de conjurer la mort. Autrefois, l'écriture était un moyen de transcrire la parole divine, les arrêts de Dieu qui fixaient le sort de chaque mortel. Hiéroglyphe, par exemple, ça veut dire parole sacrée. Les signes ont un sens mystique, surtout quand ils sont indéchiffrables par le plus grand nombre », dit Gonzague, un des personnages. Car ces taches matérialisent en effet, les signes dans lesquels la voyante lit l'avenir, la vision prophétique, traité dans le roman sur le mode de la dérision ou de la parodie.

Des références loufoques sont faites au dessin animé et à la bande-dessinée à travers les personnages de Bernard et Bianca, qui évoque le célèbre couple de souris d'un film d'animation. Le roman est donc ici le lieu de l'intertexte par excellence tel que défini par M. Riffaterre, c'est-à-dire du côté de la réception du texte (voire de l'intermédialité) ; en effet, selon le public-lecteur, l'effet intertextuel touchera ou non sa cible.

Au plan de l'intertexte africain, l'on peut citer Amadou Kourouma et *Les Soleils des indépendances*, *L'Alphabête* de William Sassine de manière disséminée dans le texte mais de façon explicite à la p.156, Fanon, le poisson rouge et Hegel, l'autre poisson rouge, le Rwanda et le « devoir de mémoire », le sujet du métis durant la période coloniale, le personnage d'Aimé, sorte d'André Leclerc dans *Le Chercheur d'Afriques*, d'Henri Lopes qui, au plan symbolique « tue le Père », d'un côté à travers l'inceste, de l'autre par le meurtre.

Au plan du style, nous avions cité Alfred Jarry pour l'absurde (p.96), Raymond Queneau pour les jeux de mots et Voltaire pour le persiflage, le ton polémique. Au niveau de ces auteurs français en effet, l'intertexte se lit à travers le style, de manière non explicite, on a plutôt affaire à une forme de dérivation (cf. Piégay-Gros). La convocation dans l'imaginaire du lecteur de ces auteurs évoque une volonté d'écriture qui innove autant au plan des idées que de la forme.

Les auteurs africains convoqués ne sont pas anodins : Amadou Kourouma et *Les Soleils des Indépendances* ou encore William Sassine et son *Alphabête*. Quant à la dérision concernant Fanon et Hegel, les deux poissons rouges, elle est véritablement provocatrice.

Le métissage que l'auteure partage avec le personnage d'Aimé Eulalie est traité sur le mode de la tragédie burlesque ; les corps mutilés au fil des pages le sont par le métis contrarié que représente Aimé.

Quant au Rwanda avec toute la charge émotionnelle qu'il charrie, cet espace est présent à travers le personnage de Muriel, la voyante « Mlle Astrala » et cette présence se module essentiellement sur le mode affectif car l'élément central de son évocation est la mort du petit garçon de Muriel, Célestin, 4 ans et non directement sur le mode politique. L'interculturalité est donc bien présente dans ce récit à travers la transénonciation des sèmes culturels français, occidentaux, africains et postcoloniaux. La culture moderne, voire postmoderne est le moteur de la vie quotidienne de chaque personnage et la notion de mobilité culturelle est présente à travers les va-et-vient du personnel du roman.

Comme nous l'avions souligné, l'un des personnages du roman, Muriel est une jeune rwandaise qui vit en France depuis le génocide de 1994 et incarne en cela, les relations troubles de la France et du Rwanda durant cette période historique ; contradictions, paradoxes ; la transculturalité est ici implicite et explicite.

Le personnage se meut dans un univers romanesque dont la mémoire est aussi troublée que celle du père de Muriel, M. Wirira : « Il oublie parfois le prénom de ses enfants, Muriel et Ladislas ; quant au prénom de son petit-fils Célestin, il s'est définitivement évaporé de sa mémoire le jour d'après la deuxième dent de lait tombée : la machette qui s'est abattue sur l'enfant et son père a, semble-t-il, également tranché dans la mémoire grand-patriarcale. » (p.142).

Les malentendus culturels abondent et la problématique de la mémoire est fermement posée (p.149).

L'intertextualité se lit donc ici à travers le style (parodie, imitation) et les citations (hypertextualité), ainsi l'on pourra citer Amadou Kourouma et Les Soleils des Indépendances, William Sassine et L'Alphabête (p.156). En ce qui concerne la transculturalité, les marques et filiales publicitaires (p.7) présentes, font écho à la mondialisation économique (globalisation), d'entrée de jeu.

De nombreuses irrévérences exacerbent le non-conformisme du texte ainsi les noms des deux poissons-rouges Fanon et Hegel. De même, le renversement des rôles et le brouillage systématique des clichés et des codes (même si cela vire parfois au procédé) : « policier noir rasé comme un skinhead », « policier blanc et chevelu de courts dreadlocks » « le Métis sort un passeport rouge, mais africain ».

L'alternance typographique a aussi un effet transtextuel : l'on note par exemple à la p.18, le répondeur téléphonique puis la narration d'un ouvrage, puis la narration proprement dite. L'espace du roman couvre la France (Paris), la République Démocratique du Congo (ex- Zaire), le Rwanda et la Belgique. Cet espace trouve son pendant dans les personnages principaux : Muriel, rwandaise qui sert de prétexte à l'évocation du génocide de 1994 et à la problématique identitaire ; Aimé, métis belgo-zairois fait écho à la colonisation (c'est lui qui va venger sa mère Eulalie et ses onze demi-frères et sœurs abandonnés) ; Bianca dont l'arrière grand-père est indochinois rappelle les postcoloniaux dont les réflexes de pensée sont toujours marqués par la période coloniale.

Mais l'un des éléments remarquable dans ce texte est que les personnages sont d'abord présentés et insérés en ne précisant pas leur appartenance raciale, de plus leurs contacts ne sont pas vécus tels ceux de *L'Aventure ambiguë* mais bien ceux de la mondialisation, même si les clichés abondent et restent source de malaise obsédant. On constate de nombreux jeux d'écriture, de mots et de jeux sur les topoi (p.75-76 cf. Toni Morrisson). Cependant, l'immense besoin de protection et l'aversion du risque (p.82), qui semble être la thématique principale du récit, correspond plutôt aux besoins de sociétés occidentales « j'ai besoin d'être absolument sûr » (p.102). L'Afrique y entre par d'autres biais thématiques ; on a aussi affaire ici à ce que la critique appelle la littérature de la migritude, celle de la diaspora africaine en Europe.

Le roman de Bessora, *Les Taches d'encre* se donne à lire comme un roman transtextuel et transculturel. La transtextualité convoque la littérature africaine francophone à travers des auteurs tels Kourouma, Sassine mais aussi la littérature française qui, comme nous l'avons indiqué, apparaît surtout au niveau du style à travers Voltaire, Jarry ou encore Queneau.

Cet apport hybride féconde le texte et en fait un roman postcolonial, au sens d'un auteur tel Homi Bhabha, c'est-à-dire au-delà du phénomène colonial. La posture littéraire ici, n'est plus celle du conflit frontal mais celle du mouvement, du dépassement et de la rupture d'avec les logiques oppositionnelles. Il s'agit bien de sortir du modèle colonial de la représentation de l'Autre, en déconstruisant les structures de pensée héritées de la domination coloniale. Pourtant les clichés demeurent et têtus, façonnent une relation (la Relation, au sens d'E.Glissant) toujours problématique entre l'Afrique et l'Occident.

TI-JEAN L'HORIZON DE S. SCHWARZ-BART: UNE UTOPIE AFRICAINE.

Ti-Jean L'Horizon apparait comme un roman essentiel de S.Schwarz-Bart, écrivaine guadeloupéenne, il est paru aux Editions du Seuil en 1979. Un certain nombre d'éléments en font un récit initiatique mais aussi, ce roman fait montre d'un fonctionnement transculturel que nous nous proposons d'analyser. Nous le qualifions de transculturel en ce qu'il laisse transparaître une transculturalité Afrique-Antilles, qui permet à l'identité du personnage principal, Ti-Jean de se construit. Il est aussi un roman initiatique, comme l'écrit Mircea Eliade, l'initiation est « un ensemble de rites et d'enseignements oraux, qui poursuit la modification radicale du statut religieux et social du sujet à initier. Philosophiquement parlant, l'initiation équivaut à une mutation ontologique du régime existentiel. A la fin de ses épreuves, le néophyte jouit d'une tout autre existence qu'avant l'initiation : il est devenu un « autre ». » (cf. *Naissances mystiques*, 1959, p.10).

En effet, Ti-Jean L'Horizon, raconte l'histoire d'un personnage qui appartient à la culture orale antillaise, ainsi le texte fait écho à une figure fort renommée dans les contes populaires de la Caraïbe. Dans le cycle de Ti-Jean, le héros est au début de tous les contes qui le concernent, un enfant dans une situation tragique ; à la fin, il deviendra un adulte riche et respecté. Mais il y parviendra grâce à des moyens peu classiques : le vol, l'escroquerie, l'ingratitude, l'insolence, le crime. Ti-Jean est une sorte d'anti-héros à l'opposé de son frère qui apparaît comme un brave benêt, qui applique la stricte observance des règles sociales. Or, c'est bien Ti-Jean malgré toutes ses exactions que le conte rend sympathique. Il se présente donc comme un révolté ; parce qu'étant enfant, il a été refusé par la société, ce héros se caractérise par une violente attitude de refus.

Dans le récit romanesque créé par S.Schwarz-Bart à partir de ce conte, Ti-Jean est un enfant, puis un jeune homme qui part à la conquête de son identité à travers un périple qui le mène vers la terre de ses ancêtres Sonanqués en Afrique. Là, il fait l'expérience du retour, mais les choses ne se passent pas comme cela avait été prévu par le vieux Wademba, qui lui avait dit au soir de sa mort « Si tu te présentes un jour là-bas, dans mon village d'Obanishé, sur la boucle du Niger, toi ou ton fils ou ton petit-fils ou quelque de tes descendants lointains, jusqu'à la millième génération, il vous suffira de dire que votre ancêtre se nommait Wademba pour être accueillis comme des frères... » (p.148). Certes, la reconnaissance se fait mais pas de manière positive. L'esclavage a laissé une déchirure béante que certains, parmi les « ancêtres » africains ne semblent pas vouloir refermer. Ici, comme dans la Geste antillaise, Ti-Jean est rejeté. Il reviendra en Guadeloupe, fort de son initiation, transformé et prêt pour l'aventure de l'Antillanité. Après la tentation des racines, il s'agit bien de vivre « l'ici et maintenant » sur la nouvelle terre qui lui est donnée.

Dans le roman *Ti-Jean L'Horizon*, la situation initiale qui va permettre de préparer la quête initiatique et identitaire couvre les trois Premiers Livres ; elle permet notamment la mise en place des fondamentaux du récit, à savoir : l'espace, la temporalité, les personnages et le point de vue narratif (ou focalisation). Ainsi cette situation initiale nous éclaire sur les origines de Ti-Jean et les conditions de sa naissance ; nous verrons que cela a une importance dans la mesure où, après le détour africain, c'est bien à cet espace, celui de la Guadeloupe, à cette île qu'il faudra revenir.

L'ouverture des yeux du sujet, notamment l'évocation du « secret » (p.34) nous plonge dans l'atmosphère initiatique du texte ; le secret étant un élément fondamental de toute initiation. Temps et espace sont pris en charge par une écriture à forte connotation symbolique ; le narrateur-conteur évoque ainsi le nom indien caraïbe de la Guadeloupe « Karukera, L'Ile aux-belles-eaux » (p.10) », nom donné par « les premiers occupants de Fond-Zombi... les hommes à peau rouge ». Car ici, les Arawaks et autres Indiens Caraïbes, premiers habitants de ces îles, avant la période de l'esclavage et de la Traite négrière, ne sont pas passés sous silence. Ainsi, le côté fugace de leur apparition dans cette Histoire est renforcé par la rapidité avec laquelle le narrateur narre leur histoire qui signale la destruction rapide de leur civilisation à partir de leur contact avec les Européens de l'époque. L'évocation de la déportation des Africains, de l'esclavage (l'abomination) et de la situation misérable du temps présent montre une temporalité qui oscille entre le présent de Ti-Jean et le passé du peuple antillais.

Car la quête du personnage principal est aussi une quête des origines en sus d'une tentative de donner un sens à un futur. Pour bien se connaître, encore faut-il savoir d'où l'on vient.

Ainsi ce sera l'occasion pour Ti-Jean d'aller à la recherche de lui-même en faisant le détour par le continent africain, par le biais de ses grands-parents Wademba et Abooméki qui, en conservant leurs patronymes africains ont conservé aussi l'essence de leur être.

Ti-Jean naît d'une première transgression : celle de l'espace. Son père Jean L'Horizon, est un homme de la Vallée (d'en-Bas) tandis que sa mère Awa est du Plateau (d'en-Haut) ; il représente la rencontre entre l'Afrique des déportés africains et les Antilles des esclaves antillais (créoles). Mais il naît aussi de la transgression opérée par l'Amour, jugé au départ impossible entre des êtres d'espaces différents. Ce nouvel homme, l'Antillais est bien celui incarné par Ti-Jean, fils de son père bien entendu mais surtout de son grand-père maternel (la mère Afrique).

Le roman de Ti-Jean se donne donc à lire comme un récit initiatique, un conte philosophique et un mythe, un récit fondateur d'une transculturalité en acte.

Le narrateur-conteur, utilise une structure en entonnoir pour évoquer l'espace dans l'incipit : tout d'abord l'île, puis le hameau de Fond-Zombi enfin le Plateau des gens d'en-Haut.

Au plan des personnages, l'un des éléments fondamentaux du mythe, à savoir l'opposition structurale forte Haut/Bas, est strictement marqué ; ainsi l'on a les gens d'en-Haut (solitaires, farouches, enténébrés, descendants d'Africains, p.16) et ceux d'en-Bas (gens de vent et de sable, p.15).

Parmi les gens d'en-Haut : Wademba, le Chef (l'Immortel), Abooméki, son épouse (la Silencieuse) et l'enfant Awa (Eloise), la mère de Ti-Jean. L'onomastique vient en renfort de cette quête des origines, du passé et l'on note que les gens d'en-Bas, ne sont pas valorisés.

Nous avons évoqué la notion de narrateur-conteur à cause des marques de la subjectivité intervenant dans le récit : « Voyez-vous » (p.11) ; le roman s'inspire d'autre part, de la geste orale de Ti-Jean et reprend une structure narrative du conte, tout en y mêlant la vision même de la romancière. Pour exemple : « Livre premier : Où l'on voit l'histoire du monde jusqu'à la naissance de Ti-Jean L'Horizon, suivie des premiers pas du héros dans la vie », ou « Livre Troisième : Où il est dit comment la Bête avala le soleil… » et celui qui nous intéressera tout particulièrement, le « Livre Cinquième : Où l'on trouvera la vie et les aventures de Ti-Jean en Afrique jusqu'à sa descente au Royaume des Ombres ; récit sincère et au grand complet qui comprend maints détails inédits sur les amours du héros, ses haines, ses naissances et ses deuils, ses fêtes, ses guerres, sans oublier ses rêves d'un autre monde. ».

Le voyage initiatique commence dans le texte au quatrième Livre. Le voyage est un cheminement qui entraîne le passage d'un lieu à un autre ; ici, il s'agit d'une quête plus ou moins longue, plus ou moins lente et difficile. Ce voyage est sans retour et unidirectionnel. Au départ il y a un engagement solennel, parfois un sacrifice préalable (symbolique du sang).

Le voyage est accompagné par un guide, un Maître ; il est alors assimilé à une conduite. Ce voyage est jalonné, il existe des repères qui imposent le parcours ; il est stratifié c'est-à-dire qu'il présente des strates ou stations (niveaux successifs), ainsi le néophyte sait qu'il franchit des stades.

L'expédition est orientée, souvent selon des points cardinaux, vers un avant et vers le haut (symboles aériens). D'autre part, ce voyage est diversifié, ainsi certains moments sont privilégiés. Comme l'écrit S. Vierne « l'initiation est le commencement d'un état qui doit amener l'homme à sa maturité, sa perfection. ». Ainsi le mythe de Ti-Jean (la Geste orale) va constituer un récit fondateur sur lequel l'écrivaine bâtit une initiation à l'Antillanité, à la quête identitaire antillaise.

Le voyage initiatique de Ti-Jean en Afrique débute par la rupture avec le monde de l'enfance symbolisée par la mort de son grand-père Wademba et celle d'Eloise (Awa), sa mère. En effet, dans toute initiation, le départ signifie se départir de quelqu'un, de quelque chose ; il s'agit d'une rupture. Ainsi commence le chemin initiatique « il vient de faire le premier pas ce soir, et c'est un long chemin » (p.114).

Le sacrifice propitiatoire est décrit à la p.119 « d'un coup de tranchet rapide et sûr, Eusèbe l'Ancien incisa une veine au poignet... » et la métamorphose s'opère, le personnage est transformé en corbeau : « Te voilà maintenant de la famille des corbeaux... sur le chemin qui se nomme tristesse, obscurité, malheur et sang... » (p.121).

Après cet épisode, Ti-Jean est avalé par la Bête ; l'on pensera ici au mythe de l'Avalement, de la Dévoration (Jonas et la baleine dans la Bible) et à tous ceux du retour symbolique à l'utérus maternel, aux origines.

Dans le même segment de récit, le narrateur nous présente les éléments, objets devant accompagner le processus initiatique :

- Un tas de vêtements, le mousquet et la ceinture de Wademba,
- L'anneau de connaissance, la corne à poudre et la besace de man Eloise (p.121)

Puis c'est la chute (p.126) qui signale un changement d'espace et le passage d'un lieu à un autre, signifié par le baobab ; reconnaissance par la parole de l'espace africain, l'arbre se dressant majestueusement vers le Haut évoque la relation Ciel/Terre, l'élévation (p.128).

Ensuite, une épreuve qualifiante : tuer le lion (p.129) lui permet de rencontrer un guide, un maître initiateur : l'enfant Maïari (p.130), reconnaissable par un signe, l'arcade sourcillière qui rappelle le grand-père Wademba.

L'enfant va ainsi guider Ti-Jean dans l'espace mais aussi dans le temps et l'Histoire avec des récits (éléments transcendants) ; ainsi de la p.137 à 139, peut-on lire le récit de l'origine des Sonanqués avec la problématique de l'esclavage d'avant la traite négrière, récit dont la suite est donnée aux p.140-144.

Ti-Jean apprend de la bouche de Maïari (l'enfant-du-tout-petit-œil, p.130), l'histoire de son grand-père : « Ceux qui l'ont fléché… » et « la flèche qui tua Wademba avait été lancée avant même le jour de sa naissance » (p.136). Ce n'est que plus tard que le récit de l'enfant-maître évoquera la traite négrière (p.140), comme si les esclaves vendus étaient descendus au Royaume des Ombres, comme s'ils étaient morts.

Ti-Jean apprendra de fait que Wademba était le fils d'un chef qui avait mis un autre peuple en esclavage ; par vengeance, celui-ci vendra l'unique enfant Wademba, dernier survivant de sa tribu, à une caravane de la Côte. Quand il voulut revenir chez lui, les Sonanqués l'ont fléché car l'esclavage était considéré comme une « lèpre du sang » (p.144).

Une autre étape permettra à Ti-Jean de re-connaître « son pays » : « Je viens dans mon pays, je ne suis pas un étranger » (p.145).

De même dans la recherche de son village d'origine Obanishé, il rencontre les trois vieillards qui vont se révéler inquiétants quant à la fraternité jusqu'ici de mise avec la conception négritudienne ; ne disent-ils pas à Ti-Jean abasourdi : « que nous sommes des hommes libres et qu'il n'y a pas de place ici pour ceux qu'on met dans les cordes » (p.149). Ces mots résonnent-ils comme une condamnation sans appel des Sonanqués ? « Ces paroles tombèrent sans colère, avec une sorte de sérénité froide et lointaine, comme lancées du haut d'une étoile, vraiment. Ti-Jean se laissa lentement pénétrer par l'offense, qui atteignit d'abord la mémoire de son ancêtre Gaor, puis reflua sur le vieux fou solitaire du plateau, Wademba (…) et enfin recouvrit tous les gens de Fond-Zombi et leurs parents et leurs grands-parents, en vague amère et salée, suffocante, jusqu'aux épaules du premier nègre qui posa un pied incertain sur le sol de Guadeloupe » (p.149).

On pourra évoquer ici « le nègre inconsolé » que figure Césaire. Le personnage retrouve donc ses origines ; il est un descendant des Sonanqués et la transculturalité se matérialise à travers la main tendue à travers les siècles et les continents : « et le cœur de nostr'homme se serra, se serra devant ces images familières, comme si les deux mondes s'étaient tendu la main sans se voir, siècle après siècle, par-dessus l'océan… » (p.160)

Cette ré-incarnation dans le passé, passe aussi par le patronyme, le nouveau nom de Ti-Jean dans cet espace africain est Ifu'umwâmi (p.162) pour aboutir finalement aux guerres de conquête coloniale de la fin du XIX° siècle. De plus, la vie du personnage dans la tribu des Ba'Sonanqués sera l'occasion de montrer d'anciennes pratiques culturelles à travers la vie quotidienne et le mariage avec Onjali (p.169).

Le retour à la Guadeloupe se fera par bateau (mais il ne s'agit plus du vaisseau négrier) et d'autres personnages transculturels apparaîtront notamment celui d'Ananzé, celui qui va pousser son peuple à la révolte et à eux deux, avec Ti-Jean, ils forment une réponse à la quête du nègre antillais : se libérer des chaînes des plantations (la liberté) mais aussi se libérer de l'Afrique, au sens où en se délivrant du poids du non-retour, il gagne la liberté de re-naître dans un continent nouveau, processus qui aboutira aux concepts d'Antillanité d'E.Glissant puis de Créolité de Chamoiseau et Confiant.

Conclusion générale

Les romans que nous avons étudiés permettent d'analyser la création littéraire en rapport avec la transculturalité. Les auteurs théoriques tels E. Glissant (théorie de l'Antillanité, de la créolisation et du Divers) et Homi Bhabha (théorie de l'hybridité), nous ont paru pertinents pour appréhender une créativité qui prend en compte la dimension transculturelle des récits étudiés. Glissant dans sa pensée de la « Relation », formalise cette relation, selon le modèle du rhizome deleuzien (Deleuze et Guattari, Mille plateaux, Editions de Minuit, 1980) et des récentes théories du chaos : « le monde devient un chaos-monde dans lequel tout change en s'échangeant. La créolisation, mode d'existence des cultures propres à la Caraïbe et l'archipel, deviennent les paradigmes d'une culture mondiale de l'errance, de la « diffraction », des contacts et de la transformation constante et imprévisible des hommes et de leur production. » (D. Chancé, *Histoire des littératures antillaises*, Ellipses, 2005, p.42).

Quant à Homi Bhabha, qui se situe dans la mouvance des théories postcoloniales, il rejoint ces notions avec le concept d'hybridité qui fait écho à celui de métissage ou de créolisation. Ce sont ces concepts qui, appliqués à la littérature aboutissent à la notion d'hybridité textuelle à travers une identité composite, qui sert justement ici à analyser des pratiques textuelles de l'altérité telle celle d'Amadou Kourouma ou de Véronique Tadjo notamment. Ces récits mêlant récit et rythme musical, dessins traditionnels et écriture romanesque.

Ces écritures plurielles ont, de plus un rapport à l'Histoire qui fonctionne comme un thème obsédant. Le XVIII° siècle africain chez Tadjo, les « guerres tribales » de la fin du XX° siècle chez Kourouma, la colonisation française en Afrique et toutes ses implications chez Lopes, l'Histoire immédiate du génocide rwandais chez Bessora en sus de celle de la colonisation belge du Congo-Zaïre. Quant à Schwarz-Bart, c'est la longue Geste de la Traite négrière et de ses corollaires qui est évoquée à travers une écriture qui mêle l'oralité première des cultures caraïbes à une écriture créolisée, précurseur de la Créolité en tant que mouvement littéraire.

BIBLIOGRAPHIE GENERALE

Adotevi S., Négritude et négrologues, Paris, UGE, 1972.

Assi Diané, « Le roman en Côte d'Ivoire, une écriture nzassa », Africultures, N° 56, 2003, p.68-70.

Bakhtine M., Esthétique et théorie du roman, Paris, Gallimard, 1978.

Bhabha Homi, Les lieux de culture, Paris, Gallimard, 1996.

Bernabé J., Chamoiseau P., Confiant R., Eloge de la créolité, Paris, Gallimard, 1989.

Eliade Mircea, Naissances mystiques, Paris, Gallimard, 1959.

Genette G., Palimpsestes, Paris, Seuil, 1982.

Glissant E., Poétique de la Relation, Paris, Gallimard, 1990.

—————, Introduction à une poétique du Divers, Paris, Gallimard, 1996.

—————, Traité du Tout-Monde, Paris, Gallimard, 1997.

Piégay-Gros N., Introduction à l'intertextualité, Paris, Dunod, 1996.

Semejunga J., « De l'africanité à la transculturalité : éléments d'une critique littéraire dépolitisée du roman », Etudes françaises, vol.37, N°2, 2001, p.133-156.

TABLE DES MATIERES

Introduction générale............................ 3

Première étude : Ode à une enfance sacrifiée dans Allah n'est pas obligé d'Amadou Kourouma..9

Deuxième étude : Architexte, création littéraire et expression identitaire chez Véronique Tadjo : l'exemple de Reine Pokou..18

Troisième étude : Quête identitaire et transculturalité : l'exemple de Le Chercheur d'Afriques d'Henri Lopes.......................26

Quatrième étude : Etude intertextuelle et transculturelle de Les Taches d'encre de Bessora...37

Cinquième étude : Ti Jean L'Horizon de S.Schwarz-Bart : un roman initiatique et transculturel..................................45

Conclusion générale..55

Bibliographie générale...57

I want morebooks!

Buy your books fast and straightforward online - at one of the world's fastest growing online book stores! Environmentally sound due to Print-on-Demand technologies.

Buy your books online at
www.get-morebooks.com

Achetez vos livres en ligne, vite et bien, sur l'une des librairies en ligne les plus performantes au monde!
En protégeant nos ressources et notre environnement grâce à l'impression à la demande.

La librairie en ligne pour acheter plus vite
www.morebooks.fr

OmniScriptum Marketing DEU GmbH
Bahnhofstr. 28
D - 66111 Saarbrücken
Telefax: +49 681 93 81 567-9

info@omniscriptum.com
www.omniscriptum.com

www.ingramcontent.com/pod-product-compliance
Lightning Source LLC
Chambersburg PA
CBHW021835300426
44114CB00009BA/451